GROUPON,
LE GÉANT DES PRIX RÉDUITS

— Quand le coupon devient numérique, social et tendance

par Charlotte Bouillot

50MINUTES

GROUPON 5

LES PRÉMICES 7

Un fondateur au profil atypique

Une idée dans l'air du temps

Du social shopping

DÉVELOPPEMENT DE L'ENTREPRISE 11

Des réductions monstres, des volumes de vente faramineux

Du concret dans la sphère des start-ups

Des résultats records

Un modèle facile à copier

Une entrée en Bourse en forme d'ascenseur émotionnel

RÉPERCUSSIONS 16

Des partenaires mécontents

Un modèle économique instable

Groupon aujourd'hui

EN RÉSUMÉ 23

POUR ALLER PLUS LOIN 25

GROUPON

LE COUPON DE RÉDUCTION NUMÉRIQUE, SOCIAL ET TENDANCE !

Groupon.com voit le jour en 2008, une année noire pour l'économie américaine durement frappée par la crise. Le jeune entrepreneur Andrew Mason remarque à quel point les Américains sont préoccupés par la baisse de leur pouvoir d'achat et décide de remettre le coupon de réduction au goût du jour. Le site attire les acheteurs en masse en proposant chaque jour une offre promotionnelle choc, validée uniquement si le nombre d'acheteurs minimum est atteint. Un système qui semble vieux comme le monde, mais qui est définitivement dans l'air du temps : l'achat groupé repose sur une dynamique de réseau et se fait désormais en ligne ; le bon papier devient numérique ; les réductions massives permettent aux consommateurs de s'offrir des services superflus même en temps de crise et aux annonceurs de remplir à nouveau leurs boutiques.

Le succès est fulgurant : la valeur de la société dépasse le milliard de dollars 17 mois seulement après sa création, du jamais vu parmi les start-ups ! En deux ans, le géant du coupon s'implante dans 88 villes aux États-Unis et dans 22 pays du globe. Fin 2010, Andrew Mason refuse une offre de rachat de Google à 6 milliards $. Quand la société entre en Bourse un an plus tard, elle clôture son premier jour avec une valeur marchande à hauteur de 16,5 milliards $.

Pour autant, le tableau idyllique ne tarde pas à se fissurer : des partenaires mécontents remettent en cause la stabilité du modèle, les concurrents se multiplient et les pertes colossales font fuir les investisseurs. Depuis 2012, Groupon est tombé de son piédestal, et si l'entreprise parvient à se renouveler, elle ne semble pas pour autant réussir à rétablir la confiance dans son modèle économique. L'euphorie des achats groupés désormais passée, y a-t-il un avenir pour le géant du coupon ?

QUELQUES DONNÉES

- **Fondateurs ?** Andrew Mason (musicien américain, 27 ans), Eric Lefkofsky (entrepreneur américain, 39 ans) et Brad Keywell (entrepreneur américain, 39 ans).
- **Création de la société ?** Le 15 janvier 2008 dans le Delaware (États-Unis), initialement sous le nom de « ThePoint.com ». Elle devient officiellement « Groupon, Inc. » le 16 juin 2009.
- **Lancement commercial du concept « Groupon » ?** En novembre 2008 à Chicago (Illinois, États-Unis)
- **Secteur d'activité ?** Vente en ligne
- **Chiffres clés ?**
    - 2015 : 1,47 milliard $ de chiffre d'affaires brut et 48,6 millions d'utilisateurs actifs (sur 260 millions d'abonnés) dans le monde à la fin septembre 2015
    - 2014 : 3,2 milliards $ de chiffre d'affaires brut et 53,9 millions d'utilisateurs actifs dans le monde.
    - 2013 : 5,8 milliards $ de chiffre d'affaires brut et 44,9 millions d'utilisateurs actifs dans le monde.
    - 2012 : 5,4 milliards $ de chiffre d'affaires brut et 41 millions d'utilisateurs actifs dans le monde.
    - 2011 : 4 milliards $ de chiffre d'affaires brut et 33 millions d'utilisateurs actifs dans le monde.
    - 2010 : 713 millions $ de chiffre d'affaires brut.
    - 2009 : 30 millions $ de chiffre d'affaires brut.
- **Mots-clés ?**
    - **Achat groupé** : le principe est de réunir plusieurs acheteurs afin d'augmenter le volume de vente et de négocier une meilleure offre de prix auprès du vendeur. Traditionnellement pratiqué par les professionnels ou par les comités d'entreprises, ce mode de fonctionnement s'est institutionnalisé grâce à l'ère numérique en réunissant des acheteurs du monde entier.
    - **Web 2.0** : l'expression s'impose depuis 2007 pour désigner l'évolution du Web vers plus d'interactivité avec l'apparition des réseaux sociaux, des blogs et du *crowdsourcing* (externalisation de certaines tâches vers un grand nombre de personnes), dont l'exemple le plus parlant est la création de l'encyclopédie collaborative Wikipédia en 2001.

UN FONDATEUR AU PROFIL ATYPIQUE

Loin du profil des jeunes informaticiens qui ont créé la plupart des start-ups de l'ère numérique, c'est un musicien de 27 ans, Andrew Mason, qui est à l'origine de Groupon, la société qui bat tous les records de croissance. Véritable passionné, il commence le piano à 6 ans et fonde pendant ses études de musique à l'université Northwestern de Chicago un groupe de rock à la croisée du punk, des Beatles et de Cat Stevens ! Plus intéressé par le fait de prendre part à une contre-culture que par une carrière de rock star, il avoue avoir été convaincu jusqu'à ses 25 ans au moins qu'il serait musicien professionnel.

Andrew Mason est surtout un créatif, qui fourmille d'idées. Né en 1981 à Mt. Lebanon (Pennsylvanie, États-Unis), il crée sa première société à 15 ans, Bagel Express, pour livrer des bagels frais à ses voisins le samedi matin. Autodidacte dans la programmation informatique, il décroche un job chez InnerWorkings, une société fondée par le riche entrepreneur de Chicago Eric Lefkofsky, qui sous-traite les travaux d'impressions de ses clients professionnels. C'est alors qu'il imagine un site web capable d'analyser les sujets d'actualité brûlants et de révéler ce que les auteurs des articles les plus lus ont derrière la tête. Le projet convainc la Harris School of Public Policy de l'université de Chicago qui lui accorde une bourse en 2006. Quelques mois plus tard, l'idée arrive aux oreilles d'Eric Lefkofsky qui lui propose la modique somme d'un million $ pour lancer le site.

Eric Lefkofsky est un *self-made-man* né en 1969, diplômé en droit de l'université du Michigan tout comme son acolyte Brad Keywell (né en 1969), également cofondateur de Groupon. Ensemble et sur leurs fonds propres, ils ont créé Lightbank en 2010, une société d'investissement spécialisée dans les technologies dites « de rupture », ainsi que de nombreuses autres entreprises comme Brandon Apparel (vêtements de sport) ou Starbelly.com (produits promotionnels). Tous deux sont professeurs adjoints à l'université de Chicago, où ils donnent un cours en commun intitulé « Building Internet Start-Ups: Risk, Reward, and Failure ».

À propos de leur collaboration, Andrew Mason explique en 2010 au *Chicago Tribune* :

> « Je ne me suis jamais vu comme un entrepreneur […] J'ai plein d'idées et j'aime expérimenter et créer des choses. Tout ce qui m'est arrivé, c'est de me retrouver entouré des bons entrepreneurs qui m'ont introduit dans ce milieu, et j'ai énormément appris. » (MARKOWITZ (Eric), « The Real Reason Andrew Mason Was Fired », in *Inc. Magazine*, mars 2013)

UNE IDÉE DANS L'AIR DU TEMPS

Loin de l'idée initiale de Mason, ThePoint.com voit le jour en 2007 sous la forme d'une plateforme en ligne pour diffuser des pétitions. Celle-ci fait parler d'elle dès ses débuts, notamment grâce au caractère loufoque de ses campagnes. Plusieurs milliers de personnes auraient ainsi signé pour la construction d'un dôme sur Chicago afin que la ville reste chaude toute l'année ou pour s'engager dans la lutte contre le SIDA à la condition que Bono, le chanteur du groupe de rock U2, se retire de la vie publique ! Ce succès médiatique permet à la jeune société, constituée en janvier 2008, d'attirer un investissement de près de 5 millions $ du Californien New Enterprise Associates, la plus grande société de capital-risque au monde.

Si le site ne parvient finalement pas à générer un trafic suffisant, Andrew Mason remarque qu'une des campagnes les plus populaires est celle qui concerne la nécessité d'augmenter le pouvoir d'achat. Il crée alors un blog, Getyourgroupon.com, qui propose chaque jour à ses lecteurs une nouvelle offre promotionnelle. N'ayant pas grand-chose à perdre dans cette nouvelle aventure, qui n'implique alors qu'une petite équipe chargée de dénicher chaque jour des offres intéressantes, les investisseurs encouragent Mason à poursuivre l'expérience. Les offres atteignant le nombre minimum d'acheteurs sont validées et une commission est prélevée par le site au passage.

Les résultats se révèlent surprenants : parmi les 5 000 clients de sa base, le site réussit à vendre 100 tickets à 25 dollars pour passer une heure en chambre de privation sensorielle (il s'agit d'un caisson inso-norisé, rempli d'eau salée à température corporelle, dans lequel on se plonge dans le noir complet) ! Dans les six mois qui suivent, Groupon lance le service à Boston, New York et Washington DC, avant de partir à l'assaut de l'Europe avec le rachat de CityDeal (entreprise de même nature fondée à Berlin en 2009). Le bouche-à-oreille attire les visiteurs en masse et, après seulement 17 mois d'activité, le fonds d'investissement russe Digital Sky Technology, déjà impliqué dans Facebook (réseau social fondé en 2004) et Zynga (entreprise de jeux sociaux fondée en 2007), injecte 135 millions $ dans la société, faisant grimper sa valeur à 1,35 milliard $. YouTube (réseau social de partage de vidéos créé en 2005) était jusqu'alors la seule société dont la valeur avait dépassé le milliard $ en si peu de temps.

DU SOCIAL SHOPPING

Groupon est un mot-valise composé de « groupe » et « coupon », car c'est la taille du groupe d'acheteurs qui permet d'obtenir le coupon de réduction. Le principe de l'achat groupé repose sur une dynamique de réseau social, qu'il soit virtuel ou bien réel. Longtemps utilisé par les comités d'entreprises pour obtenir des avantages pour leurs salariés, il réunit une communauté d'acheteurs autour d'un centre d'intérêt commun et les oblige à faire fonctionner le bouche-à-oreille pour obtenir le produit/service qui les intéresse. À l'heure du Web 2.0, il peut donc facilement devenir viral. Dans les six premiers mois d'existence de Groupon, plus de la moitié des utilisateurs ont été encouragés par leurs amis à se rendre sur le site.

Comme pendant les soldes, l'expérience d'achat prend le pas sur le produit lui-même : faire partie des quelques privilégiés qui bénéficieront de l'offre exclusive, qui dégoteront LE bon plan du jour, dans l'urgence et dans l'attente de savoir si l'offre rencontrera le nombre suffisant d'acheteurs pour être validée, avec la satisfaction immédiate à la confirmation du deal, avant même l'obtention du produit ou du service final. Et cette expérience est partageable à loisir sur les réseaux sociaux et avec ses proches, d'où un impact marketing décuplé. Notons enfin que la plupart des offres du site concernent des expériences à offrir ou à vivre à plusieurs (restaurants, voyages, baptêmes de l'air, soins bien-être, etc.).

DÉVELOPPEMENT DE L'ENTREPRISE

DES RÉDUCTIONS MONSTRES, DES VOLUMES DE VENTE FARAMINEUX

Les acheteurs qui s'inscrivent sur le site reçoivent chaque jour une nouvelle offre promotionnelle dans leur ville, à durée de vie très limitée. Les réductions proposées par les annonceurs doivent être suffisamment importantes pour créer quotidiennement la frénésie d'achat auprès d'un groupe conséquent. Au-delà de la remise accordée, les vendeurs doivent encore partager le montant affiché avec le site, la commission de Groupon constituant souvent 50 % du prix payé par l'acheteur. C'est pourquoi les offres concernent principalement les services (restaurants, beauté, tourisme) et le secteur du luxe où les marges sont plus importantes.

À la clé pour les annonceurs : visibilité, notoriété, de nouveaux clients et un volume de ventes auquel ils n'auraient certainement pas pu parvenir seuls, Groupon disposant d'une base de données de plusieurs millions d'abonnés et investissant des sommes importantes dans le référencement en ligne. Selon Andrew Mason, deux ans après la création du site, 35 000 sociétés sont déjà candidates pour proposer une offre. Groupon ne sélectionne alors en moyenne qu'un annonceur sur huit, sur base des bonnes évaluations clients disponibles en ligne, de l'importance de la remise accordée et de l'originalité de l'offre par rapport à ce que le vendeur propose habituellement. Dès la fin 2010, 98 % des promotions mises en ligne sont validées et le site génère 50 millions $ par mois de revenus aux États-Unis. En 2011, la société est active dans 160 villes américaines et dans 35 pays.

DU CONCRET DANS LA SPHÈRE DES START-UPS

L'entreprise ne prend pas en charge la logistique ; elle met en relation des clients avec des prestataires de services locaux. Elle est en cela une plateforme marketing, au même titre que les *city guides* ou que des sites rassemblant les opinions des consommateurs comme TripAdvisor. Mais contrairement à la plupart des sociétés internet de sa génération, Groupon est un business bien concret : en deux ans, la société emploie environ 4 000 salariés dans une cinquantaine de pays, elle recense 83 millions d'abonnés dans le monde et réalise 713 millions € de chiffre d'affaires (brut). Ni eBay, ni Google, ni Amazon ne peuvent se targuer d'une croissance aussi importante et rapide.

Les abonnés souscrivent à une offre locale pour laquelle ils se déplacent ensuite en magasin. C'est un modèle de marketing concret, qui attire des volumes importants de clients dans des enseignes parfois très jeunes ou pour des services nouveaux. Le site permet ainsi à de jeunes sociétés aux budgets marketing faibles, voire inexistants, de décrocher des volumes de vente exceptionnels. Groupon est par exemple parvenu à vendre en 8 heures près de 20 000 tickets pour une croisière autour de l'architecture à Chicago à 12 $ au lieu de 25 $! Pour cela, la société mise dès ses débuts sur sa force de vente ainsi que sur une armée de rédacteurs pour concocter des offres alléchantes. Ces derniers sont au départ principalement recrutés sur les scènes d'impro de Chicago et reçoivent une rémunération équivalente à celle des journalistes.

LE SAVIEZ-VOUS ?

Selon Aaron With, acolyte de Mason depuis ThePoint.com, musicien actif de la scène rock de Chicago et rédacteur en chef de Groupon jusqu'en 2014, son équipe de rédaction a écrit chaque jour l'équivalent d'un roman de 190 pages durant la première année d'activité du site !

DES RÉSULTATS RECORDS

La croissance du site est fulgurante et les chiffres explosent.

Quelques chiffres

	2009	2010
Chiffre d'affaires brut	30 millions $	713 millions $
Chiffre d'affaires net (corrigé des montants reversés aux partenaires annonceurs)	11 millions $	280 millions $
Nombre de commerçants partenaires	2 900	57 000
Nombre d'abonnés	3,4 millions	83 millions

Les frères allemands Samwer (Oliver, Marc et Alexander), célèbres pour avoir fait fortune en copiant en Europe les concepts à succès américains comme Airbnb (plateforme de location de logements de particuliers créée en 2008) ou Pinterest (réseau social basé sur le partage d'images fondé en 2010), seraient en partie responsables de l'accélération de la croissance du site. En vendant en mai 2010 leur clone européen CityDeal au géant du coupon, ils ont pris la tête des opérations du site en Europe. En quelques mois, les ventes européennes ont rattrapé et dépassé celles des États-Unis. Ne détenant alors que 10 % des parts de l'actionnariat de Groupon, seul un développement record avant l'introduction en bourse pouvait permettre aux Allemands de s'assurer des gains colossaux et rapides. Mais le développement a un coût, et si les ventes du site explosent, l'entreprise brûle son cash beaucoup trop rapidement, principalement en raison du nombre de vendeurs nécessaires au démarchage des partenaires locaux : de 6,9 millions $ de perte en 2009, elle passe à 450 millions en 2010.

UN MODÈLE FACILE À COPIER

Fin 2010, ce sont déjà 200 sites qui se sont lancés aux États-Unis sur le même modèle et encore 500 autres dans le reste du monde, dont une centaine en Chine et une trentaine en France (ClubDeal, Dealissime, Letrader.fr, etc.). Certains n'hésitent pas à copier même le nom de domaine ou encore la charte graphique de Groupon. Pour se lancer, il suffit en effet d'une équipe de commerciaux sur le terrain pour appâter les annonceurs et de quelques bons rédacteurs pour mettre en forme les offres de manière alléchante sur le site.

Au-delà de cette multitude d'acteurs plus ou moins éphémères, certains tirent durablement leur épingle du jeu comme LivingSocial.com, le principal concurrent de Groupon aux États-Unis. Cette société américaine s'est lancée en 2007, lors de l'ouverture de Facebook aux développeurs externes, en créant de nombreuses applications permettant aux utilisateurs de lister, noter et partager tout un tas de choses sur leur profil, comme leurs livres ou leurs restaurants préférés. Ayant conquis une centaine de millions d'utilisateurs, l'entreprise rachète en 2009 BuyYourFriendADrink.com et commence à développer des actions marketing en ligne en partenariat avec des commerces locaux. Fin 2010, le numéro un mondial du commerce en ligne Amazon investit 175 millions $ dans la société, qui espère alors rattraper l'avance de Groupon sur la scène internationale. Mason ne semble pour autant pas effrayé, puisqu'il refuse à la même période une offre de rachat de Google à 6 milliards $!

UNE ENTRÉE EN BOURSE EN FORME D'ASCENSEUR ÉMOTIONNEL

Très attendue dans le secteur des nouvelles technologies de l'information et de la communication (NTIC), l'entrée en Bourse de Groupon le 4 novembre 2011 permet à la société de lever 700 millions $

seulement trois ans après sa création. Il s'agit de la plus grosse opération de ce genre pour une société *online* depuis l'entrée en Bourse de Google en 2004. Le cours de l'action a connu dans la journée une augmentation de 30 %, avant d'entamer quelques mois plus tard une inexorable chute, prédite par la plupart des analystes.

En effet, si l'opération a permis aux spéculateurs de faire quelques rapides bénéfices, peu d'investisseurs semblent prêts à s'engager sur le moyen terme au vu des pertes importantes de la société : plus de 300 millions $ pour les neuf premiers mois de 2011, dans un secteur qui s'avère de plus en plus concurrentiel. Les géants du Web sont ainsi simultanément entrés dans la course quelques mois plus tôt, que ce soit Facebook avec ses « Deals » affichés directement dans le fil d'actualité des profils inscrits, le système des « Google Offers » directement connecté à Google Maps, les promotions @earlybird sur Twitter, ou Amazon qui soutient désormais LivingSocial.

RÉPERCUSSIONS

DES PARTENAIRES MÉCONTENTS

Promotions agressives et volumes de ventes démesurés

Dans plusieurs villes du monde, des plaintes commencent à émaner des vendeurs, remettant en cause le modèle de fonctionnement du site. Dans sa recherche effrénée de promotions agressives et d'augmentation du volume des ventes, Groupon aurait ainsi mis en difficulté voire ruiné plusieurs de ses partenaires commerciaux, dépassés par des réductions mal gérées et en trop grand nombre. Des restaurateurs de Portland, une décoratrice belge ou encore cette pâtissière de Reading en Angleterre : tous dénoncent le fait de ne pas être maîtres des volumes de ventes fixés par Groupon et souvent illimités sur une période donnée, et de subir des commissions pouvant aller jusqu'à 100 % sur les montants facturés aux consommateurs. Résultat : 8 500 acheteurs pour un total de 102 000 cupcakes à fabriquer à perte dans la pâtisserie de Rachel Brown ou encore la clé sous la porte pour Sylvie Pastur et sa boutique de design à Lasne !

L'équipe de Groupon est-elle elle-même dépassée ? Il semblerait, car comme l'explique Barbara Weisz, directrice marketing de Groupon France, en avril 2011 pour *L'Expansion* : « L'audience du site est passée de 3 millions de visiteurs uniques à 7 millions en quelques mois. Des deals qui avaient 50 clients sont passés à 500, 1 000… Les commerçants, en général, nous disent qu'ils veulent "un maximum" de clients. Mais ni eux, ni nous n'attendions ces ordres de grandeur. » Réactif, le site a depuis instauré des volumes de vente fixes dans les contrats, calculés directement avec les commerçants par une équipe en charge du suivi des partenariats sur le terrain. Une composante « qualité du deal » a en parallèle été ajoutée comme variable de leur rémunération pour éviter les abus ou les négligences.

Une clientèle difficile

Autre écueil mis en évidence par les annonceurs, la difficulté de fidéliser la clientèle Groupon. Il semble en effet peu probable qu'un utilisateur de vouchers achète une seconde fois le même produit ou service pour trois ou quatre fois le prix payé initialement, alors qu'une autre offre similaire dans un autre établissement est déjà certainement disponible sur la plateforme.

Afin de tester l'efficacité du modèle, trois ingénieurs informaticiens, John Byers et Georgia Zervas de l'université de Boston et Michael Mitzenmacher de Harvard, ont étudié l'évolution de la réputation en ligne des annonceurs avant et après leur partenariat avec Groupon. Et le résultat n'est pas fameux : si le nombre de commentaires postés sur Yelp (plateforme d'avis participatifs) augmente considérablement avec la publication d'une promotion sur Groupon, l'appréciation portée sur une enseigne par les détenteurs de coupons est en moyenne 10 % à 20 % moins bonne que celle de ses clients réguliers (« Groupon's Hidden Influence on Reputation », in *MIT Technology Review*, septembre 2011).

Trois raisons principales sont invoquées par les rédacteurs du site gastronomique Eater pour expliquer ce phénomène :

- le commerce a signé un partenariat avec Groupon parce qu'il était déjà en difficulté et espérait ainsi limiter la casse ;
- les clients des coupons ont des revenus assez faibles et sont très exigeants quant à la qualité de l'offre qu'on leur a vendue. Ils sont prêts à se fâcher au moindre faux pas ;

- l'annonceur a été dépassé par les volumes de ventes générés par Groupon et n'arrive pas à assurer un service au niveau de qualité requis.

Des pratiques commerciales trompeuses

Début mars 2015, le tribunal correctionnel de Paris a condamné la filiale française de Groupon à payer 10 000 € d'amende pour pratique commerciale trompeuse et à verser 1 500 € de dommages et intérêts à l'Union fédérale des consommateurs (UFC-Que Choisir). L'association s'était en effet portée partie civile pour dénoncer des remises gonflées en 2011, ne correspondant pas à la réalité : une ristourne de 47 % chez un coiffeur pour un lissage brésilien équivalait à 70 % de réduction d'après le site, qui prenait en compte le prix pour les cheveux longs ; un modelage aux pierres chaudes ou un massage thaï se vendaient avec 61 % de remise, alors que la promotion sur le massage thaï seul, moins onéreux, n'était que de 55 %... En qualité d'intermédiaire, Groupon doit selon la justice vérifier la véracité des offres de ses partenaires avant de les publier. Selon une enquête de la Direction départementale de la protection des populations, en charge de la répression des fraudes, « certains commerciaux [...] payés au nombre de contrats passés, avaient tendance à passer outre certaines vérifications essentielles, à se montrer agressifs voire à fixer les prix contre l'avis des prestataires » (Bergé (F.), « Les faux bons plans de Groupon condamnés par la justice », in *BFM TV*, mars 2015).

UN MODÈLE ÉCONOMIQUE INSTABLE

En juin 2012, le cours de l'action s'effondre à moins de 9 $, faisant chuter la valeur de l'entreprise en deçà des 6 milliards $ offerts par Google en 2010. Parallèlement, le groupe est dans le collimateur de la SEC (Securities and Exchange Commission) depuis son entrée en Bourse pour des pratiques comptables jugées « créatives » et doit finalement corriger ses résultats de 2011 : concrètement, c'est une diminution de 14,3 millions $ de son chiffre d'affaires et une augmentation de sa perte opérationnelle de 30 millions $.

Et Groupon n'est pas un cas isolé, l'ensemble du secteur étant touché par d'importantes difficultés cette année-là. LivingSocial licencie à partir de 2012 plus de 400 employés. Ses investisseurs doivent réinjecter 110 millions $ en 2013, principalement Amazon qui détient désormais 31 % des parts de la société, pour sortir le numéro deux du secteur de la détresse financière.

Mason reconnaît alors avoir construit une affaire sur la possibilité de pousser les gens à acheter de manière compulsive avec des offres éclair, mais semble convaincu de la capacité de Groupon à développer un business model plus solide, notamment autour de la vente directe de produits high-tech (« Groupon Goods ») et avec « Groupon Payments », une nouvelle solution low cost pour les paiements électroniques, dans un premier temps destinée aux professionnels qui gèrent des deals quotidiens avec le site. Ce nouveau modèle rend le site dépendant aux offres à faible marge : les achats directs avec Groupon Goods constituent dès 2013 une part de plus en plus importante des ventes du site. Or ces produits sont beaucoup moins rentables que les ventes de coupons pour des services à forte valeur ajoutée (20 % de marges sur les achats directs contre 88 % pour les offres quotidiennes).

Le début de l'année 2013 est marqué par l'annonce d'une perte nette de 67,4 millions $ pour le groupe, mais aussi, et surtout par la fin du règne de Mason, remercié en février. « Après quatre années et demie intenses et formidables comme directeur général de Groupon, j'ai décidé que j'aimerais passer plus de temps avec ma famille. Je plaisante. J'ai été viré aujourd'hui », ironise-t-il sur son compte Twitter, avant de prendre ses responsabilités :

« Si vous vous demandez pourquoi... Vous n'avez pas fait attention [...] Les événements de la dernière année et demie parlent d'eux-mêmes. » Le titre Groupon continue en effet de s'effondrer, jusqu'à clôturer à 4,53 $ le 28 février 2013 (DUNAND (Clémence), « Débarqué, le cofondateur de Groupon joue la carte de l'autodérision », in *Les Échos*, février 2013,). Un an plus tard, le cofondateur et PDG de LivingSocial Tim O'Shaughnessy annonce à son tour son retrait.

GROUPON AUJOURD'HUI

2014, une année de transformation

Le PDG de Groupon, Eric Lefkofsky, l'a confirmé lors de la publication des résultats : « 2014 aura été une année de transformation pour Groupon, avec des avancées importantes dans notre stratégie visant à devenir la principale destination mondiale pour le commerce local. » (Trad. de l'auteur à partir de : « Groupon Announces Fourth Quarter and Fiscal Year 2014 Results », in *Groupon.com*, février 2015)

Avec plus de 260 millions d'abonnés, Groupon choisit de concentrer ses efforts sur l'expérience client. Une nouvelle version du site façon *marketplace* a été lancée en septembre 2014. L'objectif : au lieu de pousser des offres quotidiennes non ciblées qui finissent par s'apparenter à des spams, le site invite aujourd'hui l'acheteur à se rendre sur la plateforme pour chercher les offres les plus cohérentes avec son profil de consommateur.

En mettant en avant le produit, l'enseigne, sa localisation et sa proximité par rapport aux abonnés, le site se rapproche des *city guides*. Ces avancées sont d'autant plus nécessaires qu'en 2014, environ 50 % des transactions de Groupon sont générées sur mobile en France comme aux États-Unis. Le 11 juin 2014, Groupon lance « Freebies » sur iOS. Aux États-Unis, elle devient la première plateforme mobile de bons de réductions, soldes et promotions, téléchargée plus de 80 millions de fois. Ils sont ainsi plus de 160 millions d'utilisateurs à se connecter sur Groupon à la fois via le site et l'application mobile à la fin 2014.

Pour améliorer les relations avec ses partenaires commerciaux et éviter de reproduire les erreurs du passé, un travail approfondi est désormais réalisé avec les annonceurs en amont pour définir une offre en cohérence avec sa capacité d'accueil et ses marges. Les contrats font également preuve de plus de souplesse concernant le taux de remise et les commissions facturées, qui sont désormais variables selon les secteurs d'activité. Suite à l'enquête de la Direction départementale de la protection des populations, Groupon France a par ailleurs mis en place un service qualité, chargé de vérifier les prix pratiqués par les annonceurs et la véracité des offres publiées sur le site.

L'avenir ?

Les résultats de la fin septembre 2015 confirment la relance du business local en Amérique du Nord avec une croissance de 12 %

des montants bruts facturés (montants totaux payés par les clients sur la plateforme pour leurs achats) et la baisse des pertes nettes du groupe : 27,6 millions $ contre 73,1 millions $ sur l'ensemble de l'année 2014. Et les abonnés continuent de consommer sur la plate-forme : sur les 260 millions de personnes inscrites sur le site, ils sont 53,9 millions à avoir acheté en 2014 (soit 23 % de plus qu'en 2013), pour un montant moyen de 155 $. Eric Lefkofsky cède par ailleurs sa place à la tête du Groupe à l'ancien directeur des opérations Rich Williams avec trois objectifs principaux :

- acquérir de nouveaux clients pour accélérer la croissance ;
- rationaliser les opérations internationales et gagner en efficacité ;
- développer durablement la vente des marchandises à fortes marges.

L'entreprise prévoit ainsi d'investir entre 150 et 200 millions $ dans une campagne marketing choc et d'améliorer ses marges (46 % aujourd'hui contre 80 % en 2011). La rationalisation des opérations passera, quant à elle, par l'arrêt de ses activités dans plusieurs pays : Grèce, Turquie, Maroc, Panama, Philippines, Porto Rico, Taïwan, Thaïlande et Uruguay, réduisant sa zone de commerciali-sation à 36 pays et supprimant 1 100 emplois d'ici septembre 2016. Par ailleurs, Groupon lance le développement de « Groupon to go », un service de livraison de nourriture concrétisé notamment par l'achat en août 2015 de la société OrderUp présente dans 40 villes aux États-Unis.

La confiance des investisseurs ne semble pas gagnée pour autant, le cours de l'action ayant perdu 30 % après l'annonce des résultats du troisième trimestre 2015 le 4 novembre. Si l'entreprise fait preuve d'une forte capacité d'adaptation et semble à l'affût des nouvelles opportunités, elle semble également toujours en quête d'un modèle économique stable et durable sept ans après sa création.

EN RÉSUMÉ

- Groupon.com est le fruit de la rencontre entre un jeune musicien créatif et deux entrepreneurs chevronnés. Ensemble, ils ont su remettre le traditionnel coupon de réduction au goût du jour : en pleine crise du pouvoir d'achat, le bon devient numérique et génère une nouvelle expérience d'achat qui se partage sur les réseaux sociaux.

- En alliant des réductions monstres au bouche-à-oreille viral en ligne, la société connaît un succès mondial et une croissance record. Quand la société entre en Bourse le 4 novembre 2011, elle clôture son premier jour avec une valeur marchande à 16,5 milliards $.

- Mais ce développement a un coût et le *cash burning rate* de l'entreprise, son pourcentage de dépenses mensuelles, est très élevé. Après l'euphorie de l'introduction en Bourse, la valeur de la société entame une chute vertigineuse et les pertes s'accumulent, tandis que des concurrents fleurissent partout dans le monde.

- En faisant exploser ses volumes de ventes, la société est accusée d'avoir entraîné de nombreux commerces dans la spirale infernale des ventes à perte et des clients mécontents. Promotions gonflées et partenariats inéquitables : de nombreuses voix s'élèvent et commencent à remettre en cause le business model de l'entreprise.

- Changement de direction et de cap avec le départ de Mason : le site développe les achats directs et les solutions de paiements pour les vendeurs de sa *marketplace*. L'application mobile est un succès et les chiffres de 2014 semblent rassurants. Surfant sur la vague, la société investit en 2015 dans la livraison de nourriture.

- Bien que la tendance du coupon semble révolue et que son modèle économique ne soit toujours pas stabilisé, l'entreprise aura au cours de ces dernières années fait preuve d'une remarquable capacité d'adaptation et ne semble pas avoir dit son dernier mot !

Votre avis nous intéresse !

Laissez un commentaire sur le site de votre librairie en ligne et partagez vos coups de cœur sur les réseaux sociaux !

POUR ALLER PLUS LOIN

SOURCES BIBLIOGRAPHIQUES

- ADAKEN (Yves), « Groupon : la face cachée d'une croissance record », in *L'Expansion*, juin 2011, consulté le 7 septembre 2015. http://lexpansion.lexpress.fr/high-tech/groupon-la-face-cachee-d-une-croissance-record_1444553.html
- ANDRIEU (Olivier), « Google Offers, concurrent de Groupon, officiellement lancé dans certaines villes américaines », in *Abondance*, avril 2011, consulté le 31 août 2015. http://www.abondance.com/actualites/20110426-10843-google-offers-concurrent-de-groupon-officiellement-lance-dans-certaines-villes-americaines.html
- AUBERGER (Olivier), « Les bourdes comptables de Groupon tombent mal », in *Le Figaro*, avril 2012, consulté le 31 août 2015. http://bourse.lefigaro.fr/indices-actions/actu-conseils/les-bourdes-comptables-de-groupon-tombent-mal-173225
- « Avec @earlybird, Twitter concurrence Amazon et Groupon », in *Le Journal du Net*, juillet 2010, consulté le 31 août 2015. http://www.journaldunet.com/ebusiness/commerce/twitter-lance-earlybird-0710.shtml
- BERGÉ (F.), « Les faux bons plans de Groupon condamnés par la justice », in *BFM TV*, mars 2015, consulté le 31 août 2015. http://bfmbusiness.bfmtv.com/entreprise/les-faux-bons-plans-de-groupon-condamnes-par-la-justice-868028.html
- BRION (Raphael), « Signing Up With Groupon Might Wreck a Business' Yelp Rating », in *Eater*, septembre 2011, consulté le 31 août 2015. http://www.eater.com/2011/9/12/6654451/signing-up-with-groupon-might-wreck-a-business-yelp-rating

- CADOUX (Maries), « Groupon convoité par Yahoo! et Google », in *LSA Commerce & Consommation*, novembre 2010, consulté le 7 septembre 2015.
  http://www.lsa-conso.fr/groupon-convoite-par-yahoo-et-google,117735
- CORROT (Philippe), « Marketplace : croissance et rentabilité », in *Le Journal du Net*, septembre 2014, consulté le 31 août 2015.
  http://www.journaldunet.com/ebusiness/expert/58492/marketplace---croissance-et-rentabilite.shtml
- DION (James), « Le courant Groupon », in *A2R*, novembre 2010, consulté le 5 septembre 2015.
  http://www.a2r.ca/fr/societe/articles/le-courant-groupon/#whatisit
- DIXLER (Hillary), « The Rise, Fall, and Improbable Comeback Strategy of Groupon », in *Eater*, août 2015, consulté le 31 août 2015.
  http://www.eater.com/2015/8/4/9091069/groupon-to-go-orderup-delivery-comeback-strategy
- DUNAND (Clémence), « Débarqué, le co-fondateur de Groupon joue la carte de l'autodérision », in *Les Échos*, février 2013, consulté le 31 août 2015.
  http://www.lesechos.fr/28/02/2013/lesechos.fr/0202609225860_debarque--le-co-fondateur-de-groupon-joue-la-carte-de-l-auto-derision.htm?texte=groupon
- DUPERRON (Audrey), « La cupidité a mené Groupon à sa chute », in *L'Express*, mars 2013, consulté le 7 septembre 2015.
  http://www.express.be/business/fr/economy/la-cupidite-a-mene-groupon-a-sa-chute/187592.htm
- « Facebook lance un concurrent de Groupon », in *Le Monde*, avril 2011, consulté le 31 août 2015.
  http://www.lemonde.fr/technologies/article/2011/04/26/facebook-lance-un-concurrent-de-groupon_1512822_651865.html

- Fauconnier (Flore), « Amazon investit 175 millions de dollars dans Living Social », in *Le Journal du Net*, décembre 2010, consulté le 31 août 2015.
  http://www.journaldunet.com/ebusiness/commerce/amazon-investit-dans-living-social-1210.shtml
- Fauconnier (Flore), « Groupon : y a-t-il une vie après les coupons ? », in *Le Journal du Net*, février 2015, consulté le 31 août 2015.
  http://www.journaldunet.com/ebusiness/commerce/groupon-resultats-2014-0215.shtml
- Fauconnier (Flore), « Sylvie Pastur (Escale Design) : "Un commerçant qui fait un deal avec Groupon est d'office perdant" », in *Le Journal du Net*, avril 2011, consulté le 31 août 2015.
  http://www.journaldunet.com/ebusiness/commerce/sylvie-pastur-sylvie-pastur-contre-groupon.shtml
- Griffith (Erin), « Counterpoint: Groupon Is Not a Success », in *Fortune*, mars 2015, consulté le 31 août 2015.
  http://fortune.com/2015/03/20/groupon-success/
- « Groupon Announces Fourth Quarter and Fiscal Year 2014 Results », in *Groupon.com*, février 2015, consulté le 7 septembre 2015.
  http://investor.groupon.com/releasedetail.cfm?releaseid=896215
- « Groupon Board Names Rich Williams CEO », in *Groupon.com*, novembre 2015, consulté le 20 novembre 2015.
  http://investor.groupon.com/releasedetail.cfm?releaseid=940255
- « Groupon en Bourse : la fête est finie », in *L'Express*, novembre 2011, consulté le 7 septembre 2015.
  http://lexpansion.lexpress.fr/high-tech/groupon-en-bourse-la-fete-est-finie_1447150.html
- « Groupon, LivingSocial : les sites d'achats groupés battent de l'aile », in *Les Échos*, novembre 2012, consulté le 7 septembre 2015.
  http://www.lesechos.fr/29/11/2012/lesechos.fr/0202418891471_groupon--livingsocial---les-sites-d-achats-groupes-battent-de-l-aile.htm?texte=groupon

- « Groupon's Hidden Influence on Reputation », in *MIT Technology Review*, septembre 2011, consulté le 31 août 2015.
  http://www.technologyreview.com/view/425395/groupons-hidden-influence-on-reputation/
- « Groupon supprime 1 100 emplois et réduit sa présence internationale », in *Le Monde*, septembre 2015, consulté le 20 novembre 2015.
  http://www.lemonde.fr/entreprises/article/2015/09/22/groupon-supprime-1-100-emplois-et-reduit-sa-presence-internationale_4767442_1656994.html#6L6S2PcrLTSglzSH.99
- HALL (James), « Groupon Demand Almost Finishes Cupcake-maker », in *The Telegraph*, novembre 2011, consulté le 31 août 2015.
  http://www.telegraph.co.uk/finance/newsbysector/retailandconsumer/8904653/Groupon-demand-almost-finishes-cupcake-maker.html
- HOULIHAN (Patty), « Teaching the Secrets of Successful Serial Entrepreneurship », in *Chicago Booth News*, décembre 2010, consulté le 31 août 2015.
  http://www.chicagobooth.edu/news/2010-12-07-groupon.aspx
- KARAYAN (Raphaële), « Groupon : arnaque ou bonne affaire ? », in *L'Expansion*, avril 2011, consulté le 7 septembre 2015.
  http://trends.levif.be/economie/high-tech/groupon-arnaque-ou-bonne-affaire/article-normal-201643.html
- KARAYAN (Raphaële), « Groupon, le site qui croît plus vite que Google », in *L'Express*, novembre 2010, consulté le 7 septembre 2015.
  http://lexpansion.lexpress.fr/high-tech/groupon-le-site-qui-croit-plus-vite-que-google_1388001.html
- KELLEHER (Kevin), « The Checkered Past of Groupon's Chairman », in *Fortune*, juin 2011, consulté le 7 septembre 2015.
  http://fortune.com/2011/06/10/the-checkered-past-of-groupons-chairman/

- Mᴀɴɢᴀʟɪᴅᴀɴ (JP), « Groupon: Better Off Without Andrew Mason », in *Fortune*, avril 2013, consulté le 7 septembre 2015. http://fortune.com/2013/04/24/groupon-better-off-without-andrew-mason/
- Mᴀʀᴋᴏᴡɪᴛᴢ (Eric), « The Real Reason Andrew Mason Was Fired », in *Inc. Magazine*, mars 2013, consulté le 7 septembre 2015. http://www.inc.com/eric-markowitz/the-real-reason-andrew-mason-was-fired.html
- Mᴜᴋʜᴇʀᴊᴇᴇ (Supantha), « Groupon Deals another Blow to Investors », in *Reuters*, novembre 2015, consulté le 20 novembre 2015. http://www.reuters.com/article/2015/11/04/groupon-results-research-idUSL3N12Z4FM20151104#jp3bBoFLDgbW1lYy.97
- Mᴜꜱᴇ (Heather), « Ex-Groupon CEO Andrew Mason Releases Album », in *Fortune*, juillet 2013, consulté le 7 septembre 2015. http://fortune.com/2013/07/02/ex-groupon-ceo-andrew-mason-releases-album/
- Pᴇᴘɪᴛᴏɴᴇ (Julianne), « Groupon Launches Credit-card Payments Service », in *CNN Money*, septembre 2012, consulté le 7 septembre 2015. http://money.cnn.com/2012/09/19/technology/groupon-payments/index.html?iid=EL
- Rᴀᴜʟɪɴᴇ (Nicolas), « Pointé du doigt, Groupon déploie une stratégie plus souple », in *Les Échos*, septembre 2014, consulté le 7 septembre 2015. http://www.lesechos.fr/02/09/2014/LesEchos/21762-090-ECH_pointe-du-doigt--groupon-deploie-une-strategie-plus-souple.htm?texte=groupon
- Sᴀʀᴀᴢɪɴ (Benoît), « Innovation de rupture et rupture technologique », in *benoitsarazin.com*, août 2011, consulté le 7 septembre 2015. http://benoitsarazin.com/francais/2011/08/innovation-de-rupture-et-rupture-technologique.html

- STEINER (Christopher), « Meet the Fastest Growing Company Ever », in *Forbes*, décembre 2010, consulté le 31 août 2015.
  http://www.forbes.com/forbes/2010/0830/entrepreneurs-groupon-facebook-twitter-next-web-phenom.html
- YAROW (Jay), « Exclusive Q&A with LivingSocial Ceo: His Secret Plan for Building the Next Huge eCommerce Company », in *Business Insider*, février 2011, consulté le 31 août 2015.
  http://www.businessinsider.com/livingsocial-interview-2011-2?IR=T
- ZETLIN (Minda), « 5 Business Lessons from LivingSocial's Tale of Woe », in *Inc. Magazine*, janvier 2014, consulté le 31 août 2015.
  http://www.inc.com/minda-zetlin/5-business-lessons-from-livingsocials-tale-of-woe.html

SOURCE COMPLÉMENTAIRE

- Portail de *Groupon* pour les investisseurs : rapports, résultats et communiqués de presse.
  http://investor.groupon.com/index.cfm

www.50minutes.com

Éditeur responsable : Lemaitre Publishing
Avenue de la Couronne 382 | BE-1050 Bruxelles
info@lemaitre-editions.com

ISBN ebook : 978-2-8062-7409-0
ISBN papier : 978-2-8062-7410-6
Dépôt légal : D/2015/12603/621
Photo de couverture : © Lisiane Detaille

Conception numérique : Primento,
le partenaire numérique des éditeurs